FERNANDO GARNER

GUIA DE CARREIRAS

As melhores profissões sem curso superior

•virgo

ISBN: 978-1-7774385-6-2

• virgo
publishers

www.virgopublishers.com
contato@virgopublishers.com

CONTEÚDO

INTRODUÇÃO

Este guia traz uma lista de profissões possíveis de serem exercidas sem a necessidade de curso superior e se destina tanto a pessoas que estão fora do mercado de trabalho quanto aquelas que desejam mudar de rumo profissionalmente. Para fazer uma escolha eficiente, equilibre as informações aqui presentes com a sua vontade em exercer determinada profissão, pois assim você reduz o risco de desistir no meio do caminho ao encontrar dificuldades no processo de preparação e colocação no mercado de trabalho. Por fim, faça pesquisas adicionais para obter informações específicas sobre o mercado na região onde você reside.

DESENVOLVEDOR DE APLICATIVOS MÓVEIS

O mercado de aplicativos para celular está bastante aquecido, com diversas empresas migrando seus serviços exclusivamente para os aplicativos ou os expandindo. Esse é o caso de bancos digitais que fornecem acesso as contas dos correntistas somente através de seu app oficial, sem possibilidade de acesso via site do banco. Neste cenário, a demanda pelos profissionais que saibam programar para as plataformas Android e iOS é muito alta, tanto em empresas nacionais quanto internacionais.

Por onde começar?

Antes de qualquer coisa, o aspirante a desenvolvedor de aplicativos móveis precisa dominar HTML e CSS. Essas duas linguagens são básicas e você pode aprendê-las de maneira bastante simples através de cursos gratuitos encontrados no Google.

O próximo passo é decidir se você quer programar nativamente para Android e iOS ou se pretende fazer o uso de intermediários, os chamados frameworks, que permitem o desenvolvimento de aplicativos de forma unificada para ambas as plataformas. Se optar por ser um programador nativo, terá de aprender Java para Android e Swift para iOS. Já no caso de escolher programar com o auxílio de um framework, precisará aprender somente a linguagem JavaScript. Seja qual for o caminho escolhido, você poderá aprender essas linguagens de programação de forma gratuita através de vídeos no youtube ou sites que oferecem cursos gratuitos.

É importante que você comece a construir o seu portfólio assim que adquirir proficiência em alguma linguagem de programação. Crie um perfil no GitHub para postar seus projetos pessoais e ter material para mostrar a seus futuros empregadores.

Quais as oportunidades no mercado de trabalho?

Um desenvolvedor de aplicativos móveis pode trabalhar tanto em um emprego fixo quanto como freelancer. Caso você saiba falar inglês, as oportunidades também podem vir de fora do país para trabalhos remotos. Uma ótima rede social que costuma funcionar para profissionais de computação é o LinkedIn, onde é comum as organizações entrarem em contato diretamente quando encontram o perfil de um profissional que possua as habilidades que procuram.

É importante ressaltar que, se você é capaz de desenvolver aplicativos móveis, também é capaz de trabalhar com projetos web. Portanto, esteja aberto as oportunidades voltadas para a construção de sites.

Qual o salário esperado?

Essa resposta depende se você irá trabalhar para uma empresa nacional ou estrangeira, ou se irá atuar como freelancer. Os ganhos por projetos são maiores no caso de freelancers, pois o lucro fica todo com o desenvolvedor. Um aplicativo bastante simples tem um custo mínimo de R$ 4 mil e aplicativos avançados podem chegar ou até ultrapassar os R$ 100 mil. Porém, pode não ser tão simples conseguir trabalhos avulsos quanto parece. Já o salário de um desenvolvedor iniciante em empresas brasileiras começa na casa dos R$ 2.000 e vai progredindo à medida que se adquire mais experiência. Mas lembre-se que os projetos pessoais em seu portfólio contam como experiência, pois o importante é você demonstrar que sabe programar.

DESENVOLVEDOR DE JOGOS ELETRÔNICOS

O mercado de jogos eletrônicos movimenta algo em torno de 300 bilhões de dólares por ano com jogos para computador, consoles e smartphones. Os profissionais que possuem as habilidades necessárias para trabalhar nas diversas etapas de desenvolvimento ou que são especialistas em uma área específica, são bastante cobiçados por estúdios no mundo todo.

Por onde começar?

A resposta para essa pergunta começa de forma simples com a recomendação do aprendizado da linguagem C++, que é a mais utilizada no mercado de jogos. Porém, para desenvolver jogos, não é o bastante saber programar.

O desenvolvedor de jogos deve ter sólidos conhecimentos em álgebra linear e gráficos 3D para elaborar os cenários, personagens e outros elementos que fazem parte de um jogo. Também é essencial saber organizar ideias, seguir um roteiro bem definido e, no caso de desenvolver os seus próprios jogos, também é preciso ter talento para criar histórias.

O motor de jogos (game engine) é outro fator crucial. Hoje os principais motores são Unreal Engine e Unity, com uma boa vantagem para o Unity que possui 48% de fatia de mercado. É aconselhável começar a se ambientar com o game engine escolhido assim que as bases do C++ forem aprendidas, pois dessa forma é possível direcionar o aprendizado da linguagem de programação para focar em games.

Quais as oportunidades no mercado de trabalho?

Assim como o desenvolvedor de aplicativos, a pessoa que fala inglês tem um leque de opções mais amplo no mercado de desenvolvimento de jogos, pois existem muitas oportunidades lá fora, inclusive para

ANALISTA DE DADOS JÚNIOR

O analista de dados é um profissional responsável por extrair e interpretar informações contidas em um banco de dados para auxiliar nas tomadas de decisões e elaboração de estratégias dentro de uma empresa. Este profissional trabalha lado a lado com os cientistas e engenheiros de dados e está cada vez mais presente nas grandes empresas, pois vivemos em uma era onde a quantidade de informações disponíveis é bastante vasta e tem de ser analisada antes que possa ser utilizada.

Por onde começar?

Você precisará procurar por cursos online específicos de análise de dados que vão te introduzir na área e passar um conhecimento mais abrangente. Prefira os cursos que forneçam certificados para que possam ser listados em seu currículo.

Um analista de dados deve ter pleno conhecimento de Excel, das ferramentas de consultas em SQL, como PostgreSQL, NoSQL etc., e também de ferramentas de Business Intelligence, como Tableau, Power BI, Qlik e Looker. Além disso, um conhecimento básico de estatística também se faz necessário, bem como habilidades na produção de relatórios, slides e gráficos.

Não é obrigatório, mas conhecer alguma linguagem de programação pode ser um diferencial no currículo. O Python é a linguagem mais usada em análise de dados e possui uma curva de aprendizado relativamente fácil.

Quais as oportunidades no mercado de trabalho?

Este profissional pode trabalhar em empresas de qualquer porte, mas as melhores oportunidades costumam vir de empresas grandes nacionais e multinacionais. Existem também as empresas especializadas em análise de dados que terceirizam o serviço para diversas outras empresas.

Qual o salário esperado?

Um analista de dados júnior começa ganhando na faixa dos R$ 3.500, mas vai depender do porte da empresa, das funções a serem desempenhadas e do nível de qualificação do profissional.

DESENVOLVEDOR WEB

O mercado de desenvolvimento web é bem parecido com o de aplicativos, pois hoje quase tudo pode ser feito pela internet. Mas aqui não estamos falando somente de web design, mas sim de um profissional capaz de desenvolver sites mais complexos, como uma loja virtual customizada ou um portal de conteúdo. Um desenvolvedor web deve estar apto a atender as demandas de empresas de todos os portes, criar projetos do zero e adaptar sistemas existentes.

Por onde começar?

Se você é um desenvolvedor de aplicativos móveis, já está habilitado a se considerar também um desenvolvedor web, pois os requisitos de conhecimento são basicamente os mesmos. Já se você é um iniciante, além de dominar HTML, CSS e JavaScript, é necessário também conhecer uma linguagem de back-end, como o PHP, para que você não fique limitado a trabalhar somente com front-end.

Apesar de ser completamente possível programar puramente em JavaScript, a maioria das empresas vão exigir que o profissional saiba utilizar frameworks como Angular e React. Devido a sua popularidade e versatilidade, a minha dica é que você escolha o React para trabalhar.

Assim como sugerido no tópico de desenvolvedor de aplicativos, o seu portfólio será uma peça essencial para entrar no mercado de trabalho. Portanto, tão logo você adquira proficiência em JavaScript, comece a desenvolver alguns projetos pessoais no seu perfil do GitHub e também considere colaborar com projetos já existentes.

Quais as oportunidades no mercado de trabalho?

Como um desenvolvedor front-end, você irá trabalhar com a interface que os usuários tem acesso ao entrar em um website. Já o desenvolvedor back-end trabalha com a interação entre a interface gráfica e o servidor. Se você for capaz de trabalhar com as duas opções, então você é um desenvolvedor Full Stack, que consequentemente terá mais oportunidades a sua disposição.

Uma ótima rede social que ajuda a fazer contatos profissionais nessa área é o LinkedIn. Inclusive, algumas empresas costumam entrar em contato diretamente com o profissional caso elas encontrem e se interessem pelo seu perfil. Se você falar inglês, poderá conseguir trabalho remoto em empresas internacionais e assim obter ganhos em dólares.

Qual o salário esperado?

Em grandes empresas, o salário de um desenvolvedor web pode começar na faixa dos R$ 5 mil e acima dos R$ 2 mil em empresas pequenas. Se você for um desenvolvedor Full Stack, seu salário naturalmente será maior do que um desenvolvedor que trabalha somente com front-end ou back-end.

ANALISTA DE SEGURANÇA CIBERNÉTICA

O analista de segurança cibernética é o profissional responsável por prevenir ataques de hackers ou sistemas maliciosos em redes conectadas à internet. Com as inúmeras ameaças existentes no mundo digital, este profissional é indispensável em qualquer organização que transmita e armazene dados em dispositivos conectados à internet.

Por onde começar?

A melhor forma de se tornar um analista nessa área é realizando cursos específicos sobre segurança cibernética. Também é interessante ver vídeos de especialistas no youtube ensinando sobre as diversas técnicas disponíveis para manter a segurança de redes e dispositivos.

Como um profissional de segurança cibernética, você deverá ser capaz de entender o tráfego de redes, identificar alterações que possam representar ameaças, instalar e configurar firewalls, criptografar arquivos e dispositivos, configurar redes VPN, realizar backups periódicos de dados importantes, dentre outros.

Para suprir a falta de um curso superior na área, é importante que o profissional tenha pelo menos uma certificação no currículo. Existe uma certificação internacional chamada CySA+ que atesta os conhecimentos do analista de segurança cibernética, mas existem outras, como a CEH e ECSA.

Quais as oportunidades no mercado de trabalho?

Empresas de todos os portes podem contratar um profissional de segurança cibernética, porém as vagas costumam aparecer mais em empresas de médio e grande porte que possuem uma necessidade maior de segurança em suas redes.

É importante ressaltar que, no início de carreira, o profissional irá assumir funções que auxiliem outros profissionais do setor, até que adquira a experiência necessária para ser o responsável pela segurança cibernética de uma empresa. Quando o profissional já tiver uma boa bagagem, também poderá atuar como consultor.

Qual o salário esperado?

No início de carreira, o salário deste profissional começa na faixa dos R$ 3.500, mas pode chegar a patamares bem mais atraentes à medida que o currículo do profissional se torna mais robusto.

ANALISTA DE INVESTIMENTOS

Este é um profissional habilitado para fazer análises e recomendações em investimentos de renda fixa e variável. Com o boom de investidores na bolsa de valores, a demanda por analistas de investimentos em bancos e corretoras está bastante aquecida.

Por onde começar?

Para ser contratado como analista de investimentos, o profissional precisa ter uma certificação CNPI. Você pode fazer diversos cursos para se especializar na área, mas terá que tirar essa certificação quando estiver preparado. Caso você deseje trabalhar em bancos com prospecção de clientes ou vendas de produtos de investimentos, mas não como analista, aí você deve obter o CPA-10, que é mais fácil de se conseguir que o CNPI.

Quais as oportunidades no mercado de trabalho?

As opções mais óbvias são bancos e corretoras de investimentos. Com uma certificação CNPI, você já pode tentar vagas na área de análise e, com o CPA-10, você pode trabalhar em bancos vendendo produtos de investimentos para o investidor comum.

Qual o salário esperado?

Um analista júnior recebe em torno de R$ 4 mil, nível intermediário acima de R$ 10 mil e sênior pode ter ganhos superiores a R$ 25 mil. Já o profissional com CPA-10 pode começar ganhando em torno de R$ 2.400.

PROFESSOR DE IDIOMAS

De todas as profissões apresentadas até agora, essa é a única que não exige nenhuma preparação antes de encarar o mercado, pois supõe-se que você já saiba falar algum idioma. Caso não seja o seu caso, pule essa profissão, porque não é viável aprender a falar uma língua apenas para se tornar um professor.

Por onde começar?

O único pré-requisito é que você já seja fluente em algum idioma. Se for fluente em mais de um, melhor ainda, pois seu currículo valerá mais.

Quais as oportunidades no mercado de trabalho?

Quanto mais difícil a língua, maiores as suas chances de conseguir uma colocação no mercado de trabalho. Por exemplo, quantas pessoas devem ser fluentes em russo na sua cidade? Imagino que são bem poucas, portanto, se você fala russo, a demanda pelo seu conhecimento será alta.

Você pode tanto trabalhar em escolas de idiomas quanto oferecer aulas particulares. Ambas as opções oferecem a possibilidade de trabalhar de forma presencial ou online. Caso você domine um vocabulário específico da língua, como o vocabulário de negócios, você pode segmentar seus clientes e cobrar um pouco mais por suas aulas.

Qual o salário esperado?

O salário inicial de um professor em escola de idiomas não é tão alto e pode começar em torno dos R$ 1.500. Mas lembre-se que essa profissão foi listada neste guia somente para quem já tem o pré-requisito. Portanto, se você está desempregado e fala algum idioma fluentemente, não custa nada tentar uma colocação nessa área.

SERVIÇO DE MARMITAS DIET

A preocupação com uma alimentação saudável é algo que faz parte de muitas pessoas, mas com a correria do dia a dia, muitos não tem condições de planejar uma refeição balanceada. É nesse ponto que entra o serviço de marmitas prontas com cardápio diet.

Por onde começar?

Você precisa saber cozinhar bem, pois irá lidar com pessoas de gostos variados. Se você não tem muito talento para cozinha, tente se especializar nos pratos que farão parte do seu cardápio. Isso é possível de se alcançar com tentativas e erros, até acertar.

Pesquise tudo sobre comida diet e prepare um cardápio para todos os dias da semana em que ofertará o serviço. Mantenha um equilíbrio entre qualidade e custo, pois você terá de cobrar um preço justo que lhe permita ter uma renda confortável, mas não pode ser tão caro ao ponto de espantar a clientela.

Em relação ao investimento, é preferível que no começo você adquira somente o básico para os primeiros pedidos, para evitar que tenha prejuízos no caso de você não ter muita sorte. A divulgação pode começar de maneira bem simples com um cartaz ou placa na frente da sua casa. Mas faça algo bonito que chame a atenção e passe credibilidade.

O último ponto é como as pessoas terão acesso as marmitas. Você pode optar por permitir que as pessoas busquem a marmita na sua casa em horários definidos ou pode trabalhar com entregas. Mas tenha em mente que fazer entregas exige preparação e também é um custo adicional que você precisa repassar para seus clientes.

Qual o salário esperado?

A sua remuneração será o seu lucro líquido e vai depender da demanda e capacidade de produção. Não dá para fazer uma previsão de faturamento, porque se você morar numa área de comércio e outras empresas, terá um número X de possíveis clientes. Mas se morar numa área mais residencial, os números serão outros. O importante é que você calcule bem os seus custos e lucro por marmita produzida para que não venha a ter prejuízos.

TÉCNICO EM MECATRÔNICA

Este profissional atua no desenvolvimento, implementação e manutenção de máquinas e sistemas informatizados, executa procedimentos de controle de qualidade e gestão, entre outras atividades.

Por onde começar?

Realização do curso Técnico em Mecatrônica com duração de 1 ano e meio.

Quais as oportunidades no mercado de trabalho?

As melhores oportunidades para este profissional estão em indústrias com linhas de produção automatizadas e fabricantes de máquinas, componentes e equipamentos robotizados.

Qual o salário esperado?

O salário inicial gira em torno de R$ 3.600, podendo chegar até R$ 7.000 para profissionais mais experientes.

TÉCNICO EM BIOCOMBUSTÍVEIS

Este é o profissional que atua na aquisição, processamento e comercialização de biocombustíveis.

Por onde começar?

Realização do curso Técnico em Biocombustíveis com duração de 2 anos.

Quais as oportunidades no mercado de trabalho?

O técnico pode trabalhar em indústria de biodiesel, laboratórios de controle de qualidade, usinas de açúcar e álcool, destilarias, empresas distribuidoras de biocombustíveis, indústrias siderúrgicas demandantes de carvão vegetal, fazendas de produção e cooperativas.

Qual o salário esperado?

O salário inicial começa na casa dos R$ 2.100, podendo chegar até R$ 6.200.

www.ingramcontent.com/pod-product-compliance
Lightning Source LLC
Chambersburg PA
CBHW071526210326
41597CB00018B/2911